Nuku hyvin, pieni susi

Dormu bone, lupeto

Lastenkirja kahdella kielellä

Ulrich Renz · Barbara Brinkmann

Nuku hyvin, pieni susi

Dormu bone, lupeto

Käännös:

Maria Alaoja (suomi)

François Lo Jacomo (esperanto)

Äänikirja ja video:

www.sefa-bilingual.com/bonus

Ilmainen pääsy salasanalla:

suomi: **LWFI1518**

esperanto: **Sorry, audio or video is not yet available in this language.**

Pyrimme saamaan mahdollisimman monet kaksikielisistä kirjoistamme saatavillesi äänikirjoina ja videoina. Odota vielä kärsivällisesti, jos kielellesi ei vielä löydy äänikirjaversiota! Voit seurata työmme edistymistä verkkosivuillamme: www.sefa-bilingual.com/languages

Hyvää yötä, Tim! Jatketaan etsimistä huomenna.
Nyt nuku hyvin!

Bonan nokton, Tim! Ni daŭrigos serĉadon morgaŭ.
Nun, dormu bone!

Ulkona on jo pimeää.

Ekstere, jam estas nokto.

Mitä Tim tekee?

Sed kion faras Tim?

Hän on lähdössä ulos leikkikentälle.
Mitä hän sieltä etsii?

Li iras eksteren, al la ludejo.
Kion li serĉas tie?

Hänen pientä suttaan!
Ilman sitä hän ei osaa nukkua.

La lupeton!
Sen ĝi li ne povas dormi.

Kuka tuolta tulee?

Kaj kiu alvenas tien?

Marie! Hän etsii palloaan.

Marie! Ŝi serĉas sian pilkon.

Ja mitähän Tobi etsii?

Kaj Tobi, kion li serĉas?

Hänen kaivuriaan.

Sian skrapmaŝineton.

Ja mitä Nala etsii?

Kaj Naia, kion ŝi serĉas?

Hänen nukkeaan.

Sian pupon!

Eikö lasten pitäisi olla jo sängyssä?
Kissa on hyvin ihmeissään.

Ĉu la infanoj ne estu en la lito?
La kato tre miras.

Ketkä nyt ovat tulossa?

Kaj nun, kiu alvenas?

Timin äiti ja isä!
He eivät osaa nukkua ilman Timiään.

La patro kaj la patrino de Tim.
Sen sia Tim, ili ne povas dormi.

Ja tuolta tulee vielä lisää! Marien isä.
Tobin isoisä. Ja Nalan äiti.

Kaj jen ankoraŭ aliaj alvenas! La patro de Marie.
La avo de Tobi. Kaj la patrino de Naia.

Mutta nyt nopeasti sänkyyn!

Rapidu! Nun al la lito!

Hyvää yötä, Tim!
Huomenna meidän ei tarvitse enää etsiä.

Bonan nokton, Tim!
Morgaŭ ni ne plu bezonos serĉi.

Nuku hyvin, pieni susi!

Dormu bone, lupeto!

Kirjailijat

Ulrich Renz syntyi 1960 Stuttgartissa (Saksa). Hän opiskeli ranskalaista kirjallisuutta Pariisissa ja lääketiedettä Lyypekissä, sen jälkeen hän työskenteli tieteellisen kustantamon johtajana. Nykyään Renz on vapaa kirjailija, asiateosten lisäksi hän kirjoittaa lasten- ja nuortenkirjoja.

www.ulrichrenz.de

Barbara Brinkmann syntyi 1969 Münchenissä ja varttui Baijerin Esi-Alpeilla. Hän opiskeli arkkitehtuuria Münchenissä ja on nykyään tutkimusavustaja arkkitehtuurin tiedekunnassa Münchenin teknillisessä yliopistossa. Sen lisäksi hän työskentelee itsenäisenä graafikkona, kuvittajana ja kirjailijana.

www.bcbrinkmann.de

Väritätkö mielelläsi?

Täältä löydät kaikki tarinan kuvat väritettäviksi:

www.sefa-bilingual.com/coloring

Pidä hauskaa!

Villijoutsenet

Perustuen Hans Christian Andersenin satuun

▶ ikäsuositus: 4-5. ikävuodesta eteenpäin

Hans Christian Andersenin „Villijoutsenet" ei ole syyttä yksi maailman luetuimmista saduista. Ajattomassa muodossaan se käsittelee inhimillisten näytelmien aiheita: pelkoa, rohkeutta, rakkautta, pettämistä, eroa ja uudelleen löytämistä.

Saatavilla kielilläsi?

▶ Katso „kielitaikahatustamme":

www.sefa-bilingual.com/languages

Minun kaikista kaunein uneni

▶ Ikäsuositus: 2. ikävuodesta eteenpäin

Lulu ei pysty nukahtamaan. Kaikki hänen pehmolelunsa näkevät jo unta – hai, elefantti, pieni hiiri, lohikäärme, kenguru ja vauvaleijona. Myös nallen silmät painuvat jo melkein kiinni...
  Hei nalle, otatko minut mukaan uneesi?
  Niin alkaa Lulun matka, joka vie hänet läpi hänen pehmolelujensa unien – ja lopulta hänen omaan kaikista kauneimpaan uneensa.

Saatavilla kielilläsi?

▶ Katso „kielitaikahatustamme":

www.sefa-bilingual.com/languages

© 2024 by Sefa Verlag Kirsten Bödeker, Lübeck, Germany
www.sefa-verlag.de

Special thanks for his IT support to our son, Paul Bödeker, Freiburg, Germany

All rights reserved. No part of this book may be reproduced without the written consent of the publisher

ISBN: 9783739909691

www.ingramcontent.com/pod-product-compliance
Lightning Source LLC
LaVergne TN
LVHW070453080526
838202LV00035B/2817